UN MOT

POUR

DEUX INDIVIDUS

Auxquels personnne ne pense, et auxquels il faut penser une fois.

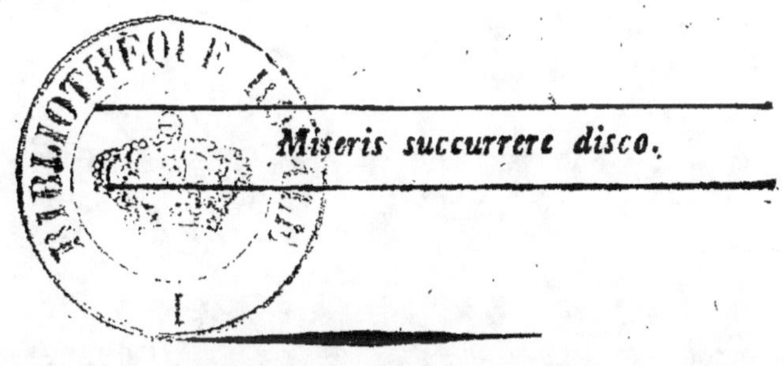

Miseris succurrere disco.

A PARIS,

CHEZ LES MARCHANDS DE NOUVEAUTÉS.

L'an 3ᵉ. de l'ère française.

UN MOT

Pour deux Individus auxquels personne ne pense, et auxquels il faut penser une fois.

Miseris succurrere disco.

EH BIEN! puisque personne n'y pense, osons parler pour eux; puisqu'il le faut, faisons aussi gémir la presse. Jamais concurrence ne fut plus grande, il est vrai; et malheureusement c'est toujours d'intérêts particuliers, de sa coterie, de lui-même, enfin, que chaque écrivain vient longuement nous entretenir. Dans ce siècle phraseur et bavard, le mal fait tous les jours des progrès: au café, à la tribune, par placards, par feuilles périodiques, par brochures, par *grands in-octavos*, chacun se rue à parler de lui; tous bien honnêtes gens, sans doute; calomniés, pe‹

A 2

sécutés, je le crois, mais bien contens de l'être : car ils en prennent vîte occasion d'afficher ou d'écrire, UN TEL A UN TEL, UN TEL A SES CONCITOYENS, et chacun de parler de lui tout à son aise, de nous raconter en style de Faublas toutes ses aventures, depuis sa sortie du collége, et même avant, jusqu'à l'époque actuelle ; et tout cela à propos de constitution, de principes politiques et d'ordre public. Je crois les voir tous montés sur des trétaux, se disputer les admirateurs, et chacun d'eux nous crier, à nous *Vulgus ignobile.* « Citoyens lecteurs, auditeurs, » qui que vous soyez, je vous supplie, écoutez- » moi, lisez-moi, parlez de moi, occupez-vous » de moi. » C'est Jean - des-Vignes qui va au- devant de tous ceux qu'il rencontre et qui dit, me voilà.... C'est trop en dire sur leur compte ; quand tant de maux affligent la patrie, et dont cette manie universelle d'occuper les autres de soi n'est pas le moindre ; quand tant d'objets majeurs appellent nos soins et notre sollicitude, on serait tenté de se reprocher une plaisanterie, si tant de travers et de ridicules ne faisaient pas à la fois rire et pleurer.

Lecteurs, je ne viens pas vous dire, me voilà ; je viens vous parler pour deux individus, Français, malheureux, que nous faisons souffrir, sans que nous ayons d'autre reproche à leur faire que leur naissance. A tous ces titres, ils ont des droits à votre pitié, à votre justice. Enfin, je viens vous dire un mot pour les enfans de LOUIS CAPET (1).

A ce début, vous froncerez le sourcil, vous me regarderez de travers, et vraiment vous aurez tort ; car je suis un bonhomme, citoyen obscur,

---

(1) Il est clair que je pourrais leur épargner ici ce nom de *Capet*, qui n'est, dans l'origine, qu'un sobriquet, que leur père ni aucun de leurs ayeux les plus reculés n'a jamais signé ni porté volontairement, qu'enfin ces enfans sont libres de rejeter, et qu'ils rejeteront sans doute, par cela seul qu'il réveille des passions haineuses, et qu'il rappelle des souvenirs affligeans. Leur vrai nom de famille est *Louis*, comme il est celui de quelques citoyens que j'ai connus, qui l'ont porté de tout temps et le portent encore. Quelle nécessité d'ajouter à leurs maux, en leur donnant un nom devenu odieux, et qu'à coup sûr ils rejetteraient, s'il était en leur pouvoir ?

A 3

républicain-pratique ; faisant en silence tout le bien qui dépend de lui. Mais si deux êtres souffrent ; si je crois voir qu'ils pourraient souffrir moins, et que justice ne leur est pas rendue ; si ce qu'exige la raison d'État fait perdre de vue ce que la justice et l'humanité réclament, ce qui néanmoins pourrait se concilier ; si j'insiste sur cette conciliation ; si je vous la montre possible, raisonnable, nécessaire pour votre gloire, pour l'honneur d'une grande nation équitable et sensible, qui de vous m'en fera un crime ?

Malgré tout cela, je sens bien que j'ai des risques à courir dont je n'ai peut-être pas mesuré l'étendue,

Incedo per ignes
Suppositos cineri doloso.

Mais, fort de ma conscience, je persiste ; dussé-je être en butte à des interprétations malignes, aux recherches des grands politiqueurs, qui vont voir dans ma démarche un signal de ralliement, un pas mis en avant, une pomme de discorde ; qui vont chercher de quelle grande faction je

suis l'instrument, etc. etc. etc. Dussé-je....…..;
mais venons au fait.

Faut-il établir que ces deux individus, dont je
vous occupe aujourd'hui, dont je veux que vous
vous occupiez *une fois*, *une minute*; faut-il
établir d'abord qu'ils sont souffrans et malheureux; qu'ils le sont par notre fait, et qu'ils n'ont
pas démérité de nous; ce serait prouver ce que
vous sentez tous, ce que jamais vous ne vous êtes
dissimulé. La question, au fond, n'est pas déli-
cate, mais amène un éclaircissement.

Lecteurs généreux et sensibles, je veux bien
vous épargner des souvenirs affligeans; je veux
bien tirer le voile sur ces temps affreux de dés-
honneur et d'infamie, où nos cruels tyrans,
ingénieux dans l'art de trouver tous les moyens
de nous rendre exécrables aux nations présentes
et futures, s'étaient emparé de ces innocentes
victimes, non pour les immoler, mais pour les
corrompre, pour faire germer tous les vices dans
leur cœur. Quand Simon…, quand les plus vils
de leurs agens… O crime ! ô attentat inconnu
dans l'histoire !… Pardon, citoyens de toutes
les nations; pardon, amis ou ennemis, qui que
vous soyez, nous n'avons pas cessé de mériter

votre estime. Ne nous imputez pas ces excès affreux ; nous les ignorions, ou ceux qui en étaient
instruits dévoraient leurs chagrins en silence, et
prenaient Dieu à témoin.

Reposons donc nos regards sur le moment actuel. Le dernier décret qui a ordonné que ces
deux enfans seraient gardés dans le Temple,
est sage, sous tous les points de vue : les circonstances dictaient cette disposition, à laquelle
toute la France a applaudi. Il est très-à croire que,
même après la paix, et lorsque la République
sera reconnue dans toute l'Europe, le sort de
ces deux individus sera toujours le même. Ils
continueront de rester en France, la prudence
en fait une loi ; et, tant qu'ils vivront, la raison
d'Etat qui les retient ici, subsistera dans toute sa
force. Rien de mieux. Mais voici ce qu'à ce sujet,
tout citoyen, vrai patriote, juste et sensible ;
enfin, voilà ce que nous devons tous nous dire :
Ces deux individus sont innocens ; ils auraient le
droit incontestable de partager avec nous tous les
avantages de la société civile : mais, par une
suite d'événemens, par une fatalité dont ils ne
peuvent accuser que Dieu même, qui fit de nous
des êtres sociables, et qui permit tous les maux
que cette société entraîne, le bien de cette so-

ciété , le salut du peuple, *suprema lex*, exige impérieusement , non - seulement qu'ils soient privés de ces avantages (ce qui ne supposerait qu'un simple exil), mais même qu'ils y souffrent des peines réservées aux seuls coupables. N'entrons pas dans les argumens terribles que ces deux Œdipes peuvent adresser à la Providence divine...

Là commence un abîme , il le faut respecter.

Les peines qu'ils subissent sont la réclusion, l'exclusion absolue du commerce de leurs semblables; et tel parmi nous qui en parle légèrement , préférerait la mort même à un pareil sort.

Or, ici naît une réflexion simple , dictée par ce sentiment de pitié et de commisération que jamais être souffrant ne mérita mieux d'inspirer. Puisque la société les condamne , QUOIQUE INNOCENS , il est du devoir de cette société d'alléger leurs souffrances autant qu'il est en elle ; en un mot, de leur offrir, en compensation des privations qu'elle leur impose , toutes les jouissances qui peuvent leur faire goûter la vie, et qui sont compatibles avec ces privations mêmes.

Lecteurs , je ne suis pas faiseur de phrases , et j'aime mieux répéter deux fois en propres termes l'idée principale à laquelle je tiens , que de la tourner et retourner en cent façons pour ne dire au fond que la même chose. Je le répète ; oui, LA SOCIÉTÉ DOIT LEUR OF- FRIR, EN COMPENSATION DES PRIVA- TIONS INJUSTES QU'ELLE EST FORCÉE DE LEUR IMPOSER , TOUTES LES JOUIS- SANCES QUI SONT COMPATIBLES AVEC CES PRIVATIOMS MÊMES.

Maintenant je n'ai plus qu'à examiner la question de fait. Cette compensation a-t-elle lieu , et n'avons-nous , à cet égard , aucun reproche à nous faire ? Je préviens ici que , vivant dans la retraite et avec des liaisons fort bornées, je suis peu instruit de tout ce qui regarde ces enfans, les plaisirs qu'on leur permet de prendre , les gens qui les entourent , etc. etc. etc. ; mais la voix publique et le dernier rapport fait sur leur compte à la Convention , m'ont suffi pour en juger. J'irai même jusqu'à dire que l'ignorance dans laquelle on nous laisse sur leur manière d'être et sur les détails de leur prison, est une faute , puisque , s'il est vrai, comme je l'ai prouvé, que nous avons des devoirs à remplir envers eux , chaque citoyen qui ne peut se dissimuler que c'est pour sa sûreté seule que ces deux individus sont condamnés à souffrir, doit être à portée de connaître si ces devoirs sont remplis.

Or, voici, à cet égard, ce que nous pouvons présumer de plus favorable ; c'est que leurs besoins physiques sont amplement satisfaits. Le frère, traité avec douceur par ceux qui pourvoient à ses besoins, peut, dit-on, à certaines heures se promener sur la tour ; d'ailleurs il est dans une ignorance profonde sur le sort de toute sa famille, même sur celui de sa sœur, avec laquelle il n'a aucune communication. La sœur, après avoir rempli elle-même des petits devoirs de ménage, passe la journée entière aux travaux de l'aiguille. Elle est, dit-on, instruite du sort de ses parens. Je ne sais qui m'annonça dernièrement que, depuis quelque temps, on avait permis au frère et à la sœur de se revoir. Je le souhaite : car si l'aînée sur-tout se conduit bien et montre de bons sentimens, pourquoi leur refuserait-on la douce consolation de vivre ensemble, et quel effet dangereux peut-on craindre de cette communication ? Tous deux sont dans l'âge où l'ame a sa plus grande force expansive ; aucun des deux n'a encore l'esprit assez formé pour supporter l'entière solitude et y trouver des plaisirs ; et point de doute qu'un enfant de douze ans qu'on tiendrait enfermé dans une chambre; seul et sans communication aucune, y périrait infailliblement au bout de quelques mois.

Mais quoi! vous croyez-vous donc bien quittes envers ces malheureux, quand vous avez pourvu amplement à leur vêtement et à leur subsistance? et deux êtres pensans et sensibles sont-ils heureux, le but de leur destination sur la terre est-il rempli, quand ils ont bien à boire et bien à manger? Réduire même là absolument leurs jouissances, ne serait-ce pas hâter leur supplice? Mais que leur voulez-vous donc de plus? Voilà précisément à quoi j'en veux venir.

Un bruit s'était répandu, qu'on avait donné au jeune enfant un instituteur; et vîte et vîte, le Comité dément ce bruit calomnieux, qui ferait honte sans doute à la nation. Il déclare avoir répondu philosophiquement à ceux qui lui en ont fait la question, *Nous ne savons pas comment on élève les enfans d'un roi.* Comment, après le 9 thermidor, le Comité, composé d'hommes sages et sans reproche, s'est-il décidé sur un pareil motif? S'il s'agissait d'en faire des rois ou des reines, sans doute vous pourriez ignorer comment on les élève, et je ne le sais pas plus que vous : mais est-ce cela qu'on

vous demande? On vous confie deux êtres pensans et sensibles, ou formés pour le devenir :
pourquoi vous opposeriez-vous au développement
de ces précieuses facultés, et les empêcheriez-
vous de goûter toute la dose de bonheur que leur
situation peut comporter? Or, je le demande,
n'est-ce pas leur en fermer les sources les plus
abondantes, que de les réduire ainsi à quelques
jouissances physiques ; et quelles pauvres jouissances (1) !

---

(1) Il est clair que, dans l'état actuel des choses,
c'est une mesure indispensable de prudence de
les retenir dans leur prison du Temple, au milieu de
la capitale, et sous la surveillance immédiate du
gouvernement ; mais dans des circonstances plus
tranquilles, espérons qu'on se hâtera de leur procurer ces jouissances pures que les malheureux de
leur âge, et dans leur situation, sentent plus
fortement. Un air salubre, une campagne agréable,
un vaste jardin. — Mais quoi ! à Paris même, ne
pousse-t-on pas aujourd'hui la défiance et les
précautions à l'excès ? J'ignore les dispositions
locales de la prison du Temple, mais, au nom
de l'humanité et de la justice, ne pourrait-on
rien changer pour leur procurer quelque prome-

Je dis donc et je soutiens que pour satisfaire aux principes rigoureux de justice et d'humanité, pour nous honorer aux yeux de toute l'Europe, nous ne devons rien négliger pour rendre ces deux individus aussi heureux qu'il leur est possible de l'être. Nous devons leur fournir des ressources pour supporter leur situation, pour y trouver peut-être le bonheur, et justifier ainsi la Providence divine. Ils les trouveraient ces ressources, et bien puissantes, dans une éducation soignée, dans le développement de leurs facultés, dans l'étude de la Nature, dans la culture des arts, ces arts amis constans du solitaire malheureux. Tout cela ne pourrait être l'ouvrage que d'un instituteur éclairé et sensible, et voilà ce que vous leur devez.

Il est donc vrai que personne n'y pense. Cette idée n'a frappé aucun de mes compatriotes. Mais seul entre tous j'ose élever ma voix pour ces

nade à terre, quelques fleurs à cultiver ? Je le dis encore : sachons que toutes les privations que nous leur imposons, et qui sont étrangères au grand objet que nous avons en vue, sont autant d'injustices criantes que les ames sensibles nous reprocheront toujours.

enfans ; seul j'ose demander pour eux cette nourriture de l'ame, sans laquelle l'autre n'est qu'un présent funeste, puisque laissant accès à toutes les passions, à toutes les impressions qui peuvent rendre malheureux un être ainsi abandonné, tout ce qu'on peut alors lui désirer de plus favorable, c'est l'insensibilité de la brute. Mais il y parvient rarement, le moral tue bientôt le phisique, et on peut raisonnablement présumer qu'il en arrivera ainsi pour ces enfans, ou au moins pour celui des deux à qui son sexe permet davantage de se roidir contre le malheur, de sentir plus fortement l'injustice et de se consumer en efforts impuissans. Or, je vous le demande, si ce résultat a lieu, serons-nous justifiés aux yeux de l'Europe entière, et pourrons-nous nous laver du crime d'assassinat ? Non sans doute ; les hommes sensibles de toutes les nations nous reprocheraient encore moins de les avoir immolés sur le champ à notre sûreté, plutôt que de les condamner ainsi à une mort lente et de tous les jours.

Voici un rapprochement fait pour frapper les amis de l'humanité et les Français jaloux de l'honneur de leur patrie.

Qu'eût fait en 1792 un usurpateur barbare

qui eût détrôné Louis XVI pour se mettre à sa place? Il eût immolé à sa sûreté jusqu'au dernier rejetton de la race régnante.

Que fera dans la même circonstance un usurpateur moins féroce ou contenu par l'esprit du siècle et de la nation qu'il voudra asservir? Les mêmes motifs de sûreté lui feront s'assurer de la famille du roi détrôné. S'il s'y trouve un enfant en bas âge, l'usurpateur vantera son humanité, sa clémence, s'il lui laisse la vie; sa prudence et sa profonde politique, si le réduisant aux fonctions animales, il prolonge son enfance, et l'y laisse vieillir.

Mais quel spectacle bien différent! Un peuple éclairé, humain, généreux, secoue ses chaînes et devient libre. Il frappe ses ennemis, poursuit leurs complices, et les mêmes motifs de sûreté le font aussi s'assurer de toute la famille du dernier roi. Mais sa conduite envers l'enfant en bas âge sera-t-elle semblable à celle d'un usurpateur qu'on appellerait humain, si un usurpateur pouvait l'être? La politique, les règles de cet usurpateur seront-elles les siennes, et voudra-t-il avoir au moins cela de commun avec lui? Non sans doute. Un être mort ou dégradé, c'est pour lui même chose

chose et pis encor. Or, si l'assassinat de cet enfant serait un crime à ses yeux, un assassinat moral et plus cruel peut-être, ne lui en paraît pas un moins grand. En un mot, dans cette situation vraiment extraordinaire, la plus critique peut-être de toutes celles que nos institutions sociales peuvent amener, situation qui rend incompatible le bien-être d'un individu innocent, avec celui de la société dont il est membre, qui fait de lui un coupable-né qu'il faut qu'on enchaîne, le législateur philosophe ne gardera point le silence. Il a fondé la liberté, il ne cesse d'en être jaloux et idolâtre, mais il ne voudrait pas l'acheter par un crime, et il dit......

« Enfant malheureux, ne m'impute pas une
» rigueur que mon cœur désavoue. Plions tous
» deux sous cette nécessité cruelle qui fait de
» moi un bourreau involontaire, et de toi une
» innocente victime. Mais s'il m'est permis de
» chercher à te consoler en t'affligeant, écoute
» ce que la conscience me dicte. «

» La liberté, le commerce de tes semblables
» sont des biens que tu ne connaîtras jamais.
» Les noms d'époux, de père, de citoyen,
» d'ami peut-être, te sont interdits pour la vie.
» Connais l'étendue de tes sacrifices, je ne te

B

» les déguise point. Mais connais aussi tout ce
» qui te reste et toutes les obligations que je
» m'impose envers toi. Puisse-t-il en résulter
» une compensation dont tu me saches gré !
» Je ne te parle pas des plaisirs physiques que
» la nature bien ordonnée nous permet, de ces
» jouissances et ces commodités de la vie que l'in-
» dustrie humaine a su y ajouter encore. Ces
» biens te seront offerts, mais c'est la plus
» faible partie de ma dette. S'ils t'étaient pré-
» sentés seuls et inconsidérément, ils pourraient
» ajouter à ton malheur. Il est d'autres jouis-
» sances encore, et si tu te rends digne de les
» goûter, mon cœur et ma raison me disent
» que j'aurai réparé le mal que je t'ai fait. Prête
» l'oreille aux leçons de la sagesse ; cet homme
» vertueux va te donner les moyens de déve-
» lopper tes facultés intellectuelles et morales.
» Le livre de la Nature te sera ouvert, et tu
» seras à portée d'en débrouiller avec nous quel-
» ques pages. Introduit dans son temple auguste,
» qui pourra t'empêcher d'y pénétrer ? Qui
» pourra arrêter ta course solitaire, et par là
» moins distraite ? Entends ici le vœu raisonnable
» de celui qui t'opprime, mais que tu ne peux
» haïr. Puisse-tu goûter un jour le bonheur ; la

» route ne t'en est pas fermée ! Science et vertu,
» voilà les deux seuls biens réels qui existent
» dans le monde. Jouis de ces biens, jouis-en
» sans trouble et sans envie; sois philosophe,
» et tu seras plus que roi. »

« Hélas ! (je ne répondrais pas qu'ici notre
» Philosophe, entraîné par ses idées et son en-
» thousiasme, ne s'approchât pas de l'enfant et
» ne lui dit à l'oreille, pour n'être pas entendu
» de ses collègues législateurs, et même de
» ses confrères philosophes) Enfant, apprends
» à voir les choses sous leur vrai point de vue,
» et tu cesseras de nous porter envie. Libre de
« tous soins et seul avec Dieu, tu verras tous
» ces petits hommes se trémoussant autour de
» toi pour des biens physiques et moraux qui
» font toujours leur malheur, puisqu'ils abusent
» des uns et qu'ils sont indignes des autres; je
» te le répète; sois philosophe et philosophe
» solitaire (ne l'est pas qui veut), studieux et
» résigné, et tu seras dans ta tour plus que
» roi, plus que législateur, plus que..... ma foi,
» plus que tout ce qu'on peut être ici. — »

Ma conclusion, on le voit, est que tout nous
fait un devoir de donner à l'enfant de Louis

un instituteur digne de répondre au but qu'on se propose. Cette conduite extraordinaire, inattendue, achevera de fixer sur nous l'opinion des nations amies et ennemies. Je ne doute pas que cet instituteur n'ait beaucoup à faire. Commander aux autres, se convaincre de son importance et de leur abjection, c'est ce qu'il nous est aisé d'apprendre dès l'âge le plus tendre, et ces idées furent les premières qu'on fit germer dans le cœur de ces enfans. Elles peuvent y avoir laissé des racines. Tous les événemens ultérieurs, ce choc de deux situations si contraires a dû opérer un bouleversement prodigieux. Mais secondé par la Nature, par la pureté de ses motifs, et sur-tout par l'impérieuse nécessité qu'il lui est si aisé de faire valoir, point de doute qu'un homme éclairé et sensible ne puisse rétablir l'harmonie au milieu du désordre, répandre un baume de vie sur les plaies mortelles de ce jeune cœur, l'amener par une voie lente et insensible aux sentimens les plus doux, justifier à ses yeux la société qui le rejette de son sein; que sais-je, enfin? je le dis au risque de me faire rire au nez, en faire un ami de cette société même, un républicain.......... Que de soins, que d'apprêts pour une si mince conquête!

Je le sais. Mais quel barbare plaisir trouveriez-vous à savoir qu'il existe là un être impuissant qui dévore sa rage et se consume en vains désirs ? Hé ! pourquoi ne pas le rendre heureux autant qu'il peut l'être ? Il tiendra ce bonheur de vous, il le sentira, vous aurez rempli un devoir, et ce sera toujours un ami de plus.

————

« Je fus long-temps indécis si je mettrais au jour ces idées qu'on va trouver bien extraordinaires. Enfin je m'y hasarde. Mais pour ôter tout doute sur mon motif, pour épargner des recherches vaines à ceux qui, comme je l'ai dit plus haut, verraient dans cet ouvrage un pas mis en avant par un parti quelconque, je crois indispensable de dire franchement ce qui y donna lieu. »

« Dans le temps où le dernier roi vivait et régnait encore, lorsqu'il était question de l'éducation de son fils, un Géomètre avec lequel j'étais lié, m'en parlait un jour et portait envie à celui qui serait nommé pour l'élever. Nous discutâmes ensemble à ce sujet. Cet honnête citoyen ne résistait pas à l'idée séduisante de former l'esprit et le cœur d'un enfant destiné au trône, et son imagination se plaisait à le parer davance des vertus dont il aurait voulu l'orner. Notre conversation fut longue et intéressante. Comme il parlait avec ame, tout géomètre qu'il était, et que la moindre chose exaltait son imagination, il m'avait séduit, et j'étais entré dans toutes ses idées. Mais long-temps après, et quand la face des affaires fut bien changée, je revis mon homme; je lui rappelai ses beaux projets et notre conversation. Il en rit avec moi, et en parla comme d'une chose à laquelle il ne fallait plus penser. C'était mon tour alors à bâtir des châteaux. Je le félicitai sur ses talens qui le rendoient si capable d'apprendre son métier à un apprenti roi; mais je crus voir qu'un instituteur aurait une fonction bien plus belle encore, plus importante peut-être, et aussi bien plus pénible, s'il avait à élever l'enfant d'un ci-devant roi, un enfant dauphin ou prince jusqu'à l'âge de dix ans, et auquel il faudroit désapprendre à régner. Nouvelles discussions entre nous, nouvelles rêveries, et nous en parlâmes plusieurs fois. »

« J'ai perdu ce malheureux qui fut compris dans les dernières charretées qu'on envoya au faubourg Antoine. Mais son souvenir se liant sans cesse aux idées dont il aimait à s'occuper avec moi, j'y ai pensé souvent, et de réflexions en réflexions, de rêveries en rêveries, j'en suis venu à ce qu'on vient de lire. Dieu garde de mal les gens pénétrans qui y chercheront ce que je n'ai pas mis. »

*Par G.P***, de la Section de la République.*